教育科学精品教材译丛

U1002451

Motivating Students Who Don't Care: Successful Techniques for Educators

让学生喜欢学习：教育者的成功之道

〔美〕艾伦·N.门德勒 著
韦清琦
程 琳 译
韦清琦 审校

江苏凤凰教育出版社
Phoenix Education Publishing, Ltd

图书在版编目(CIP)数据

让学生喜欢学习:教育者的成功之道/门德勒著;韦清琦.程琳译.—南京:江苏凤凰教育出版社,2014.6
(教育科学精品教材译丛)
ISBN 978-7-5499-4142-1

Ⅰ.①让… Ⅱ.①门… ②韦… ③程… Ⅲ.①学习方法②学习心理学 Ⅳ.①G442

中国版本图书馆 CIP 数据核字(2014)第 123010 号

教育科学精品教材译丛

让学生喜欢学习:教育者的成功之道
Motivating Students Who Don't Care: Successful Techniques for Educators
艾伦·N.门德勒 著
韦清琦 程 琳 译
韦清琦 审校
责任编辑 陈爱芳

出版发行 凤凰出版传媒股份有限公司
江苏凤凰教育出版社(南京市湖南路1号A楼,邮编:210009)
苏教网址 http://www.1088.com.cn
照　　排 江苏凤凰制版有限公司
印　　刷 江阴市天源印刷有限公司
厂　　址 江阴市澄江街道皮弄村2号
电　　话 0510-86279825
开　　本 787毫米×1092毫米 1/16
印　　张 5.25
版　　次 2014年6月第1版 2014年6月第1次印刷
书　　号 ISBN 978-7-5499-4142-1
定　　价 18.00元
网店地址 http://jsfhjycbs.tmall.com
新浪微博 http://e.weibo.com/jsfhjy
盗版举报 025-83658579

苏教版图书若有印装错误可向承印厂调换
提供盗版线索者给予重奖

作者简介

艾伦·N.门德勒，博士、教育家、学校心理学家，同时还是三个孩子的父亲。他对各个年龄段的孩子做了大量研究，着重为教育工作者和青年教师提供帮助问题学生获得成功的有效策略。门德勒博士在美国以及全球范围内举办了上千场教育研讨会，他作为多个教育组织的主要发言人和代表深受好评。

门德勒博士是好几本书的作者或合著者，这些书包括《必要的强硬手段》《……发生时我做些什么?》《如何有尊严地实现课堂纪律》《对问题学生留有尊严的训导》以及《权力斗争：教育者的有效方法》。他的文章在很多重要期刊，如《教育领导》《育儿》和《了解当代青年》上发表过。他和他的家人现居纽约州罗切斯特市。

谨以此书献给我可爱的女儿莉萨(Lisa),她的善良、体贴和对生活的热情激励我不断地努力把学校变成让所有学生都能获得成功的殿堂。

献给我聪明灵敏的儿子布赖恩(Brian),他卓越的适应力证明了在大人的关怀和支持下,孩子们在校内外的努力可以帮助他们塑造性格,获得成功。

献给我的儿媳妇提西亚(Ticia),她证明了努力和平衡是取得成功的重要因素。

献给我的儿子贾森(Jason),他的韧性、上进心和对学习的热爱使我认识到,满怀热情传授知识的教育者能够对学生产生巨大的影响。

致　谢

我想感谢全美各地许多欣赏我的工作以及和我分享他们工作的教育者。他们激励着我创造、施行和提供对学生有意义的实用教育理念。

特别感谢我的搭档，我很多本书的合著者，也是我最好的朋友里克·柯温(Rick Curwin)，感谢他提供了我们合著的《对问题学生留有尊严的训导》一书中的部分材料。

此外，我想感谢以下不断给我提供支持的人：

● 我在学科协会的项目和办公室经理塔米·罗兰(Tammy Rowland)

● 教育传播与技术协会的菲尔·哈里斯(Phil Harris)

● 解树出版社(前国家教育服务中心)的杰夫·琼斯(Jeff Jones)

● 教育研究局的弗兰克·孔茨

(Frank Koontz)

● 监管和课程发展协会的南希·莫德拉克(Nancy Modrak)

● 进修学院的玛丽安·贝特(MaryAnn Beiter)

● 国际青年改造协会的拉里·布伦特罗(Larry Brendtro)

● 密尔沃基公立学校的利亚·杰拉贝克(Leah Jerabek)

● 肯塔基州教育部门的劳拉·麦卡洛(Laura McCullough)

● 锡拉丘兹城市学校的戴夫(Dave)和科琳·萨瓦茨基(Colleen Zawadzki)

● 罗切斯特城市学校的伊丽莎白·奥斯特(Elizabeth Oster)

最后，我要一如既往地感谢我的妻子芭芭拉(Barbara)，谢谢她给我提供的无私的爱。

教育科学精品教材译丛

总序

作为高校教师，我们中的许多人常常为教育科学教材的陈旧落后而痛心疾首；作为教育学人，我们中的许多人也常常对经济学、社会学等显学学科教材建设的突飞猛进而称羡不已。

于是，我们坐卧不安，我们摩拳擦掌，我们立志超越，我们走到了一起。经过几年的努力，涵盖当代高等学校教育学专业的全部主干课程的大型海外教材《教育科学精品教材译丛》（下面简称《译丛》）呈现在读者面前。

许多年来，我国高等师范教育和高等学校教育学专业课程改革的步伐极为缓慢，师范教育的教育学、心理学、教材教法这三门课程多年不变，教育学专业的课程内容陈旧,课程的选择空间相当狭小。可以说,改变高等师范教育课程和高等学校教育学课程的落后状况,是《译丛》最为基本的宗旨。

另一方面,随着教育事业改革的深化,教育实践中产生的问题日益复杂,解决这些问题需要极为丰富的教育科学知识和能力。《译丛》追求的另一宗旨正是通过奉献世界上最先进的教育科学知识体系,促进我国教育事业改革的深化。

在过去的几年中,高等学校课程改革已经取得了相当明显的成效。深化课程改革的一条重要途径是引进国外尤其是发达国家的高校教材,藉此提高教育质量和增进学生的学习能力。《译丛》的宗旨和思路与我国高校教材改革的这种方向是一致的,而且是高校教材改革过程的组成部分。

促进学术交流,是《译丛》向往的又一宗旨。学校沟通的障碍,表征是交际语言,而深层原因则是学术语言与学术规范。《译丛》希望通过引进国外的教育科学知识体系和贯穿其中的研究方法与表达方式,促进我国教育科学学术事业的进步,并为其走向世界奠定基础和开辟道路。

《译丛》是建国以来从海外引进的规模最大、门类最全的教育学科教材,被国内媒体称为"又一次重要的拿来主义"。在科教兴国的基本国策背景下,它所蕴涵的巨大社会意义已经超出教材本身。因此,《译丛》的编委会和出版者——江苏教育出版社对此高度重视,并为此做了大量的细致而扎实的工作。第一,组建了强大的编委会和翻译队伍。《译丛》的编委会阵容整齐,有各师范大学的博士生导师、教授以及一批海外教育专家;主要翻译人员和审校者均是教育科学专业的博士或教育科学领域的教授,其中一些译者长期旅居国外,并从事教育科学专业的研究和教学工作，他们均在教育科学领域具有相当深厚的积累，可以确保《译丛》的翻译质量。第二，精心筛选选题。《译丛》的入选图书品质上乘，所有选题皆经中、日、美等国专家反复磋商论证，精选而成。其中一些书目为国外学术机构所推荐，在国外大学拥有广泛的学术声誉。许多教材一版再版，最多的已达八版。

我们希望，这套教材能成为国内教育科学的替代课本或重要参考书，同时也能作为各地教师继续教育的重要资料。

我们期待，这套教材能给中国教育理论界带来一些观念和方法上的启示，为我国的教育科学的教学和研究，尤其是教材编写工作提供一定的借鉴。

我们相信，这套教材会得到许多中小学教师、校长、教育行政机关干部、教育科学研究人员、教育专业的研究生以及高校在校学生的关心和选用。

当然，我们更希望、更期待的是创新和超越。希望和期待我国的教育科学工作者编写出高水平的、具有中国特色的教材。站得更高才能看得更远，看得更远才能做得更佳，希望我们这套教材能使中国教育理论界有一个更高的起点，使中国的教师和师范学生有一个开阔的眼界。需要说明的是，原书附有大量的索引，但为降低图书成本，减轻读者负担，我们只好割爱，敬请诸君谅解。

我们欢迎各种形式的参与和合作，欢迎专家和读者随时为我们荐书，随时提出各种建议和评论。

《教育科学精品教材译丛》编委会

二〇〇二年四月

目 录

"只要我不想做，我就没有必要做！"

"这堂课太无聊了。"

"学到的东西到底什么时候才会派上用场啊！"

"你怎么只给我评了F?"

"我会来的，但来了你也拿我没办法。"

引　言

越来越多的教师在为众多渴望成功却不愿意为之努力的学生感到头疼。"快捷方便"取代了"努力获取"，成为指导许多青年的座右铭。学生没能意识到学习知识、勤于实践和认真上学是他们自己的责任。相反，他们总是觉得自己没有得到充分娱乐。相比较用功读书，他们更注重自我感觉。现今的学生非常像连环画《ID国的巫师》中的主人公，他在申请工作的时候对方问他："你接受过什么教育?"他回答说:"没有,但是我有很强的自尊心。"渴望用最少的努力获得一定的权利,这在如今的学生中非常普遍。

积极性和训导之间有着一定的直接联系。很难被激发积极性的学生往往很难被训导。越来越多的教育者开始参与我们的研讨会,他们提出了这样的疑问:很多学生不做学习准备,对学习不管不问,不愿为学习努力,教师能为这些学生做些什么?虽然很难分析学生这样做的原因和结果,但是找到激发学生积极性的方法可以解决学生行为上的很多问题。尽管这些问题不能用过于简单的方案解决,但是教育者还是有很多其他办法来重新唤起已经对学习失去兴趣或希望的学生的积极性。那些很难被激励和控制的学生经常使我们产生困惑:既然有那么多学生在意学习,想要学习,我们为什么还要为漠不关心的学生而费神?他们消耗了我们的精力和动力,因此我们不禁会重新审视帮助他们是否值得。此外,他们经常惹恼我们,给我们带来挫败感,干扰其他学生,挑战我们的权威,触动我们的神经。除非我们小心翼翼,否则他们会使我们精疲力尽。

第一章
为什么学生没有学习积极性

我们所处的文化过于重视我们拥有的东西而不是我们本身，因而在这种文化里很容易产生对权利的期待。当今时代，实现物质上的富足似乎优先于把我们那个时代珍贵的品质传授给孩子，父母们常常无条件、无期待地满足孩子们的物质需求。被溺爱的孩子们误以为他们想要的东西就是他们应得的东西，然而学校当头一棒让他们幡然醒悟，原来获得成功和个人努力是紧密相联的。要改变现在这种文化很困难，所以明智的教育者需要通过理解和利用社会动力学，在学生身上创造、激发和培养积极性。

从心理上看，很多有着不良行为或者轻易放弃学习的学生都很在意别人对他们的看法。他们极力避免被同学、父母甚至是自己视为愚蠢的人。有些学生在抗拒学习中找到了权利和控制感。这些学生往往很有能力，但是他们太想掌控一切了，于是才会采取弄巧成拙的策略彰显自己的独立。孩子们（最小的甚至包括学龄前儿童）表现出来的抑郁症通常被低估成缺乏学习积极性的原因。一旦这种抑郁症得到充分诊断，咨询和药物疗法都可以产生效果。无论是出于能力原因还是自由需要，积极性的缺乏是学生的自我保护机制，教师必须尊重它、解决它，从而帮助学生做出更好的选择。

教师的职业操守要求我们要教育所有的学生，尽最大的努力鼓舞学生，甚至是那些看上去对学习漠不关心的学生。如果我们对他们放弃希望，他们只会产生更多的问题，造成更大的伤害，变得更加危险，付出更多代价。优秀的课程会在提供整体计划的同时附加具体的指导，这本书也一样，它不但提供了总体的课程指导，而且还有许多能够帮助我们激发学生积极性的具体方法。

第二章
如何最有效地使用这本书

这本书中提供的所有策略都是经过证实的能激发学生积极性的有效方法。虽然这本书旨在给教育者提供具体、实用和经过证实的策略，但是它毕竟不像食谱书，不能手把手教会你每个具体步骤。相反，它提供的是一整套观念及五个具体方法，它们构成了许多用来激发学生积极性的课堂友好型策略的基本框架。我们要主动地由这个框架结构引导，而不是被动使用这些策略。

虽然这本书可以被视为全面实用的指南，但我还是希望你能够采用最适合自己的策略，并且在有需要的情况下借助书中提供的基本框架创造新的策略。这本书中有些策略在收尾部分开辟了专门提供建议的区域，这块区域提供了具体方法以指导我们实行相应策略。有些策略没有开辟建议区，这是因为如何实行这些策略显而易见，不需要做进一步的阐述。

第三章

教育者能做些什么:激发学生积极性的五种关键方法

要想成功激发问题学生的积极性,这就要求我们用以下几种基本观念指导自己的行为:

1. 所有的学生,只要有成功的学习理论和个人方法,都是有能力学习的。

2. 学生的学习动机与生俱来,但是在历经反复失败以后,学习动机渐渐丧失。

3. 学习有一定风险,所以要确保教室对于学生身心来说都是安全的地方。

4. 所有的学生都有归属的需要、能力的需要和对自己的境遇产生影响的需要。学习动机通常在这些基本需要得到满足的基础上产生。

5. 自尊不应该是教学目标,而应该是学生完成挑战性的任务所带来的结果。

6. 如果家长给予学生尊重和尊严,

学生在学校会产生很强的学习动机。

这些原则受以下五种关键方法的驱动,教育者可以在运用或创造用来激发和强化学生学习动机的策略时以这五种方法作为指导:

- 强调努力的重要性
- 为学生创造希望
- 尊重学生的权利
- 建立良好的师生关系
- 表达教学热情

接下来的五个章节将详细讨论这五种方法,包括描述每种方法所涉及的内容,以及介绍将这些方法应用于学校和课堂的具体策略。

第四章
强调努力的重要性

对于极力隐藏自己学习欠佳的学生来说，把焦点放在努力上对于提高成绩、促进学习和把行为问题减到最少非常关键。大多数缺乏学习动机或有不当行为的学生都试图掩饰他们对学习和表现的关心。简单来说，他们认为自己没有能力，而且经常把成功归因于能力而不是努力。卡罗尔·德韦克（Carol Dweck）的研究显示，这些学生认为智商是固定实体，它是影响成败的因素（Azar, 1996）。相比之下，成功的学习者一般认为他们的努力是决定成功的关键因素。结果很多经历失败的学生都不再尝试了，因为他们认为就算再努力地学习，他们的成绩还是不会有实质性提高。虽然很难让这些学生更加努力，但是当我们把重心放在成绩和努力的关系之上时，还是有很多课堂技巧有用武之地。

认可错误或部分正确的答案

如果错误能够得到诊断性而不是评价性的对待，它也是有效的学习方法。在学校，教师可以在错误的基础上促进学生学习，前提是他们把错误看成教学过程的一部分而不是失败的标志。著名教育家马德琳·亨特(Madeline Hunter)曾建议教师充分认可错误答案的正确部分。例如："林肯不是第一位总统，但你至少说对了他是总统。"或者："胡安，你有四道题回答得很不错，这说明你对故事的第一部分理解得比较透彻。你看看我对你后面四个问题的建议，想想它们如何能帮你改善你的文章。"

在课堂讨论和活动中，错误可以用来反映还需要多少教学或者学习过程需要怎样改善。例如："希瑟，你的错误使我意识到我还需要更清楚地讲解这个概念。我敢肯定其他学生对于这个概念也会感到困惑。谢谢你的帮助。"欣赏学生的努力是促使学生获得进步的第一步。

建议。孩子们总是被告知犯错误没有关系，因为在犯错中可以不断学习。然而我们总是只奖励最佳答案或表现。如果我们想让孩子们真正相信我们鼓励他们从错误中学习，那么我们需要指出这些错误带来的好处，养成解释错误的教育意义的习惯。以下是笔者建议的解释顺序：

1. 你(学生)对____________________理解得很透彻。

   (一开始指出学生作业某一方面的优点，而这正是你所期待的思考)

2. 你的错误很好地提醒了我____________________

________。

(提供新的信息,解释错误带来的额外收获)

3. 既然你已经更好地理解了这部分内容,我希望你能再做一两个练习。

(给出具体的问题让学生练习巩固)

4. 当学生取得进步时予以祝贺。

允许三个"重新"——重做、重考和重改

很少有人能尝试一次就获得最终胜利。作家在交稿之前通常要校订好几次草稿;建筑师在桥梁正式建筑开始前会仔仔细细审查和修改设计稿;会计会把账本认认真真校对好几遍。对任务进行改进是努力的一个显著标志。虽然这种努力很难衡量,但是单独给它打分强调了竭尽所能的重要性。很显然,测试分数的提高能说明进步,所以可以将其作为努力的衡量指标。此外,你也可以和班级学生一起讨论其他衡量指标,它们可以向你的学生展示改进的重要性。

期望学生在一次性的测试中就获得最佳成绩,这是不现实的。允许学生根据老师和其他同学的反馈重新参加测试,修改课题、文章和实验,可以使学生更加努力,对学习更感兴趣。虽然教师有时也可以对课程稍加修改,但是给学生提供重做、重考和重改的选择可以让他们明白自己的努力可以带来成绩的改善。

自然,学生应该在改善自己的表现和承担责任之间找到平衡点。教师应该告知学生他们应该做些什么改善以及他们需要花多久时间来改善。例如,不接受学期论文在评分的前一天上

交。教师也应该注意避免纵容学生的拖延和在初次尝试时偷懒的行为。

建议。要鼓励学生从一开始就努力，你可以用积分奖励他们的优秀作业成果，并且这些积分可以不断累积。当积分累积到一定程度时，可以用来免除一项作业或测试。另一种办法是经过改进的作业比准时上交、一次性通过的作业权重更低。例如，如果学生的第一次测试得分是50分（满分为100分），第二次是80分，那么他的最终成绩是在第二次成绩的基础上减去两次分数之差的20%（这种情况下，第一次和第二次分数之差为30

分，30 分×20%=6 分），那么这个学生的最终得分就是 74 分。你也可以和同事及学生集思广益，想出其他评估改进的点子。

评分的时候区分学生的努力和成绩

分数不能全面、充分地说明学生的学习表现，这是因为分数掩盖了太多的变量（Marzano，2000）。当我们把要评分的内容进行分类时，分数会变得更有效，更有激发动力的价值。学生在优点得到认可、需要得到满足的情况下才更有可能变得积极或者保持积极的状态。

教师可以给出两种不同的分数，一种用来衡量成绩，还有一种用来衡量努力。例如，成绩得分代表着学生对某一学科的掌握程度，它是根据单元测试、成果作品和综合测试等手段测得的，它主要评估的是学生学到了什么。努力得分评估的是学生在学习时的表现，它参考的是学生的课堂参与度和作业质量等因素。因为分数的主要目标在于提供涵盖学生优点和需要的反馈，所以这种两级评分系统能更好地提供全面的反馈。

建议。列举出你用来决定学生成绩的所有因素。列完以后，问问你自己，哪些因素关注的是学生学到了什么，哪些更关注学生学习时的表现。然后把这些因素分成两大类，分别写在“如何获得成绩分数”和“如何获得努力分数”的下面。

鼓励每个学生每天改善一件小事

让每个学生每天选择做一件小事（可以是学习上的、社交上的或是情感上的），这件小事要么使学生在某一方面更擅长，要么使这个世界变成一个更好的地方。比如每天多做一道数学题,忽略掉可能引发争执的挑衅,或是对不常和你说话的人热情地问声好。保持写日记记录进步的习惯十分有用。

展示基本的礼貌

遗憾的是,我们当中有很多人过度关注自己的生活而忽视了我们不经意间的礼貌对别人可能产生的影响。学生上交作业或参加测试以后,教师应该迅速给出反馈,否则反馈的意义就大打折扣。实际上,让学生等待反馈超过三天也就抹杀了它对学习的促进作用。就算学生还是会继续学习,基本的礼貌也告诉我们要及时提供反馈。如果有朋友让我们读他们写的东西,立即给出我们的评价或意见不是更好吗?我们难道不对那些立即回我们电话或回答我们问题的人心怀感恩,而对那些冷漠对待我们的人感到愤怒吗?

提到礼貌的影响,我想到了我儿子经历的一件事情。他是一位年轻而有上进心的体育比赛现场解说员,他想去报道更加激烈的赛事。相关的工作招聘总是引得成百上千的求职者投递简历,他们满心期待着有人愿意看一下他们的简历,然后要求他们参加面试。这些求职者不计一切代价制作简历,为面试东奔西走。我儿子有几次进入最终面试了,但是在高薪工作面前他还是要被人挑三拣四。虽然最后没能被选上他很失望,但是最令人沮丧的是对方不够有礼貌,因为对方没有给他发送感谢信,感谢他申请这份工作以及自己经常长途开车过来,也没有用电话告知他不是第一人选,并且向他致以感谢,于是他的精力、动力和自信逐渐被耗尽。我们周全的考虑可以有效激发或维持他人的积极性，记住这一点十分重要。

建议。想想你看重和欣赏的所有展现礼貌的小动作。或许你会发现生活中有很多宝贵时刻。比如校长对你说了一句友善的话，或者学生家长打电话感谢你为他的孩子所做的事情，又或许让你感动的仅仅是学生或上司对你说的一句简单的“谢谢”。向学生展示基本的礼貌，你会发现他们的积极性高涨——他们会十分乐意和你在一起。

重新审视学生缺乏积极性的行为

对于没有学习积极性的学生来说，我们要让他知道他本身比他做的事更重要，这样一来，更容易调动他们努力的积极性。我们思想上的这种转变经常使学生的行为有所改观。目前我们面临的挑战是如何识别和传播学生表现的积极方面，以及鼓励更多这种行为的出现。例如，如果有学生上交的作业中十个问题只做了两题，我们是否可以关注这做的两题而不是没做的那八题？我们可以这么说：“詹森，这两题做得非常好，祝贺你！跟我说说你是怎么做到的，你成功的方法是什么？如果你要把剩下的题目都做了，你会怎样使用已经用过的技巧？”

我们是否可以这样考虑：就算有学生长期在五十分钟的课堂上迟到五分钟，他的实际听课时间也高达90%，如果用其他衡量办法，那么他的得分应该是A或A^-。用这种方式重新审视学生，可以肯定他们，激发他们的正能量。例如：

> 安，如果你不准时来上课的话，我可能会要一直找你麻烦了。但我转念一想，大部分课你都是来上的，你不来上课

我还真有点想你，这也是我苦口婆心劝你来上课的原因。就算你对上课没什么兴趣，你对我也很重要，因为你有时让我想到或许不只你一个人上课感到无聊。如果你能克服困难准时来上课，我会很高兴见到你。否则的话，我顶多能忍受你迟到五分钟。不管怎样，我都希望你能一直来上课。

你和学生之间的对话可以在适当时机这样结束（比如说："安，这里是最近的学习安排"）。

建议。和缺乏积极性的学生先分享一些积极的东西，而不是一开始就关注他们的学习结果。例如，学生在某次测试中的成绩下降了，你可以对他说："拉马尔，你来上课并且参加了测试，我知道你为此没少努力。我深信下次如果你在考试前多花点时间学习，你会取得更好的成绩。"

要求学生首先从小事做起

人们把自己想成什么样的人，就会有什么样的行动。所以如果你希望学生能按照你的期待去做某件事情，你可以刚开始只让他做一点小事，然后每次在此基础上添加一点新的任务。例如："山姆，你今天在课堂上的发言我很赞同。你好像对很多事情都有自己独到的看法，如果你能在以后的课堂上和大家分享分享，我会很感激你的。"

建议。关注小成就，并以它们为基石。指出你希望学生继续保持的行为（例如，我希望山姆能够经常______________）。一旦你发现学生身上有积极的行为产生，一定要留意，并且表明你的欣赏态度。

把努力目标写下来变成约定

很多研究表明，当目标、承诺和计划写下来时就变成了一种根深蒂固的约定。所以不难理解为什么大多数合同都是书面形式，并且由同意合同条款的双方代表签名。

建议。你可以制作一些简单的表格，让学生在其中写下他们承诺的关键细节（见下表）。另一种做法就是对学生想出的促进努力的方法表示感谢。让学生把这些写下来，这样你就可以清晰地回忆你和学生之间达成的一致意见。

承诺保证书

1. 你在学校可以做些什么让自己变得更成功？

____

____

2. 你有什么努力的计划让自己变得更成功？

____

____

3. 有没有什么障碍或困难阻碍你成功实现自己的计划？

____

____

4. 如果以上障碍或困难发生，你有什么办法克服它们？

____

____

5. 教师或者学校里的其他人怎样才能帮你成功实现该计划？

____

____

6. 如果你的计划不奏效，你会面临哪些后果？

____

____

______________________　　　　______________________

（学生签名）　　　　　　　　　（教师签名）

解释学生需要努力的理由

人类行为有一条重要准则：当我们向别人求助时，给出需要帮忙的理由会使成功率变高。社会心理学家埃伦·兰格（Ellen Langer，1989）用简单的实验证实了这点。她向正在排队等待使用图书馆复印机的人请求帮忙。当她没有给出理由就向他人提出请求时，她说："不好意思，我有五张文件，我可以先使用一下复印机吗？"60％的人答应了。当她解释理由说："不好意思，我有五张文件要复印，因为我很赶时间，我可以先使用复印机吗？"94％的人同意了。更有意思的是，就算是解释的理由不够充分，比方说："不好意思，我有五张文件，因为我要复印，我可以先使用复印机吗？"还是有93％的人答应了。这些结果给我们这样的启示：如果我们可以向学生解释我们提出要求的理由，就算有时候理由不够充分，学生还是更可能答应我们的要求。教师要意识到，解释学生迫切想知道的原因可以有效指导他们该做些什么以及怎样做。

建议。每天都要列一个课堂义务清单（如学习任务、家庭作业、课堂作业、教学安排等）。尝试在提出以上任务的同时解释相应的理由（如"至少要做五道乘法题，因为五道题是能帮助大家巩固这类题的解法的最少题量了"）。

庆祝阶段性进步和最终胜利

当学生达到了既定目标以后，教师应该鼓励单独或集体庆祝。例如："马克、权、卡比尔、凯莎现在已经掌握了乘法口诀，让我们鼓掌祝贺他们！"实现最终目标后，教师可以这样和全体学生一起庆祝："分子这个单元还是挺难的，我带了一些苹果派来庆祝大家顺利学完这一单元。"

反思问题

1. 你认为是什么原因导致学生在低年级时对上学感到热情和兴奋，可是随着学龄增加，他们渐渐对学习失去积极性？
2. 对于那些在课堂上缺乏积极性的学生来说，你认为他们学习以外的积极性来源于哪里？如果你不确定的话，你可以和他们进行沟通，询问他们学习以外激励他们的那些因素是否可以运用到课堂上来。
3. 当你在生活中遇到挑战，你通常会采取什么措施来解决问题？

第五章

为学生创造希望

认为自己不能掌握课程内容以及知识不能改变命运的学生是最缺乏学习积极性的学生，也是最有可能产生行为问题的学生。在教育学生的过程中我们面临着一个很重要的任务，即找到最适合学生的挑战。奇克森特米哈伊（Csikszentmihalyi，1990）曾证明过，如果挑战难度太低，就很难调动学生的积极性。这道理就如同爬一个小土丘不能像攀登一座高山那样激励人心，因为过于容易的任务毫无益处。而且如果学生在容易的任务中都失败了，结果可能更具危害性，因为他会得出"我太蠢了"这种结论。而任务难度太大，学生又会轻易放弃。

我们面临的挑战就是创造出学生相信自己能够攀登的高山。把每个课堂和学科都视为拥有不同高度的山脉，确保其高度和攀登者的能力相匹配。只有任务的难度和学生的能力相匹配了，学生才会很热情地参与其中。

实际上，缺乏积极性这回事是孩子及青少年后天才有的。所有健康婴儿的好奇心、求知欲和积极性都是与生俱来的。他们开始蹒跚学步时，积极性高涨，父母们不得不重新安排房子的布局：大门竖起来了，围栏也框起来了。即使那些身体孱弱的婴儿也受到适者生存原则的激励。兴趣和天赋只有得到培养才会蓬勃发展。这些原理是有效采取常规和非常规干预措施以创造希望和提高学生积极性的重要基础。

告诉学生学习成就对生活有益

向学生展示学习成就对生活的益处是调动学生积极性的最常规方法。我们经常说，良好的教育会带来体面的工作、丰厚的工资以及优越的生活。尽管有些学生不相信这点——他们认为好的事情不会一直发生，然而现实是多数大学毕业生比高中毕业生经济收入更高，而高中毕业生又比高中辍学的人赚得更多。因此，我们需要继续用这些事实说服学生。

此外，不爱服从或不相信权威的学生应该看到教师传授的知识和他们生活之间千丝万缕的联系。他们也应该看到像巴尔博厄(Balboa)这样的探险家仍对今天的生活有影响。今天学生在数学课上解决的一道方程式对明天的投篮、未来开的车、住的房子都有潜在的影响。

最后，用成功人士的实例可以生动地向学生展示学习成就对生活的益处。有效的辅导项目邀请了一些成功人士进入校园，让他们和学生交流，这样学生才能对学习成就的作用心悦诚服。汤姆林森(Tomlinson，2000)说过："当学生能把课程和他们的兴趣及生活经历联系起来时，他们会收获最佳学习效果。”

学生和大人有着不同的时间观念，这就导致了常规激励方法的有效性减弱。很自然地，高中学生把未来看成一个月内，初中生把未来视为两周后，而小学生把未来看作三天内。如果教师能够指出学习在这些时间段内能带来的益处，就能增加学生学习的希望。要找到学习的好处，这主要取决于教师对学生的了解，以及对学生除了好工作、高收入这些显而易见的志向之外的真正追求的了解。教师指出的学习的好处应该契合学生的生活方式和生活环境，不要迎合他们，而是要从事实出发。

学习对所有学生的一个潜在的好处是可以感受到教师通过所教知识传达的快乐和热爱。你可以不断地用语言、行动、肢体语言和情感来说明你为什么热爱所教的知识。首先你要认同所教的知识，其次你要向学生传播这些知识。如果你不喜欢自己教的东西，学生也会有所察觉。所以要么得在学科中至少找到一样你热衷的东西，要么你可以选择不再教书。

确保学生获得充分的基本技巧

学生必须要有基本的阅读、写作、数学和听力技能。没有什么能取代这些技能。没有这些基本技能，就没有能够维持学习的支持、赞赏或鼓励。任何试图规劝学生掌握以上技能的行为都是可行的。有些时候还需要强有力的，但是给学生留有尊严的方法。学生不愿努力，是因为畏惧，而努力付出则是因为勇敢。现实生活中许多不抱成功希望的学生认为他们自己愚蠢无能，这种观念一定要改变。教师可以这样规劝学生：

朱兰，不学习和不尝试的学生通常来说是因为害怕失败。有意思的是，你表现得像是个天不怕地不怕的人，但是我们都知道实际上你很害怕。像你现在这样，什么都不做，是非常保险的策略。这是畏惧的人经常采取的办法。我很理解这点，因为有时候我自己也这样做。敢于尝试非常考验一个人的勇气，尤其是当事情能否成功完全没有保证的时候。我知道一旦你开始努力，并且把原来用来保护自己的力量用来解决数学问题，你一定会为自己感到骄傲的。我期待你的努力。

建议。无论学生努力还是不努力，都把他引到这个主题上来。你也可以把这个方法应用于其他无助且不愿尝试的学生身上。

创造可以被学生战胜的挑战

在我们的研讨会中，我们经常让参与者找一个搭档，然后一起数一美分上出现了多少次字母“e”。我们给了大家一分钟的时间完成这项任务。至少有95％的人参与其中。当我们宣布暂停时，还有人在继续数。我们提醒他们，这种行为属于犯规行为。很自然地，多数参与者对最终的官方答案都很感兴趣，所以当我们告诉他们因为我们自己没有数过，所以我们也不知道答案时，许多人都发出埋怨声。虽然我们从这种无伤大雅的活动中获得了一定的满足感，但是它的重点在于我们让一群聪明的、受过良好教育的专业人士完成了一项毫无意义的任务。其中的原因就在于我们安排了一项非常规、难度适宜，且在合理的时间段内能够实现的任务。要想调动学生的学习积极性，教育者可以给他们安排在合理时间内能实现的任务，并且适时调整指导方法。

承认你的错误

如果成功人士能承认自己犯下的错误并从中吸取教训，这可以产生希望的力量，而我们有时没能意识到这点。如果学生指出了你在课堂教学中犯的错误，要及时感谢他们的指正。如果你不经意间对学生有了粗鲁的态度，请及时道歉。寻找合适的机会和学生分享你不完美的一面，这样他们会更加欣赏你，因为你活生生地证明了成功来源于从自己犯下的错误中学习。

帮助学生确立目标

学生确立了具体可行的目标后，积极性也会随之高涨。在理想情况下，这些目标对于学生来说要可以衡量和观察。以下六个具体步骤可以用来帮助学生确立有效目标：

1. 确定你想实现的目标。

2. 确定实现该目标的计划。为此你需要采取哪些步骤？这些步骤应该按什么顺序执行？

3. 确定你在实现这个目标后给自己的奖励。你也可以在完成计划中的个别步骤后对自己进行小小的奖励。

4. 在父母、老师或信任的朋友的帮助下检查自己的计划。

5. 确保计划中的每一步骤都得到执行，且每次只采取一个步骤。

6. 实现目标以后奖励自己。

帮助学生变得有条理

由于学校要求学生掌握他们可能不感兴趣的知识，所以条理性对于获得成功十分必要。遗憾的是，很多学生在学校以外都过着没有条理的生活，他们不知道如何有条理地安排生活或手头上的事情。如果学生能为学习做充分的准备，并且能预估即将面临的活动，他们获得成功的可能性会大幅上升。对于缺乏积极性的学生来说，教师应该采取明智的策略。在学生体验到成功之前不要一直去问他们是否做了必要的准备。对于缺乏积极性的学生，最好在他们吃“主食”（承担细节责任）之前为他们提供“甜点”（激发他们的学习兴趣）。

建议。很多学生，尤其是那些有注意力缺陷多动症的学生，很难预估到即将发生的事件，在过渡期容易产生行为上的问题。用图片展示规划和活动对于低年级学生来说大有裨益，而每日任务安排表可以方便高年级学生。还有一种办法是给学生以及家长提供每日或每周任务表，最好能给每位家长寄送安排表，并且要求他们收到后进行确认。最后，建议学生每个学科用一种不同颜色的文件夹，还可以根据不同任务对文件夹做更具体的分类。

收集学生提供的学习用品

课堂上出现的问题也可以成为激励学生做出改变的契机，所以未做学习准备的学生也能促进班集体的建设。做好准备的学生可以帮助那些没有准备的人。教师与其花时间和学生争论要准备的事情，倒不如鼓励所有学生把别人可能需要的物品捐出来。有了同学们提供的各种各样的学习必需品，健忘的学生也就不用为自己忘带什么而费神了，这样就可以在学习上花更多时间。教师可以鼓励学生捐出他们的铅笔、多余的笔记本以及其他必备文具。使用这些文具的学生很有可能下次捐出他们认为别人会需要的东西。

证明掌握的知识大有用途

上完一节课后，教师应该提出直接、具体和实用的方法指导学生运用所学知识。例如,出几道基于生活情境的数学题。青少年喜欢音乐,所以可以让他们用算式计算在保证留有空间放床和梳妆台的基础上,房间的娱乐区域能有多大。在学习了有关探险家的内容后,让学生列举出探险家们身上共有的品质,并让他们拓展思维,讨论今天我们探索新的领域、研发新的产品需要哪些类似品质。如果问学生耐克乔丹系列减震运动鞋是否比普通运动鞋提供更大的支撑,教师可以在物理课上讲授重力和杠杆作用等概念。这样做的目的是让学生看到知识和他们的生活密切相关,提高他们的学习积极性。

建议。尽量在每堂课或指导单元结束时证明所学知识和学生的生活密切相关。你可以设置具体的课堂情境,让学生把学到的知识应用于实际生活,并且点名表扬那些提出具体看法的学生。

关注成功

重视成功的课堂更容易产生和维持希望。尽管我们不能保证所有的学生都免遭失败,但我们还是应该尽可能地降低学生的失败率。这种态度使我们在看重成功的同时保持了对学生的较高期望。我曾经看到一位中学老师在看到学生的错误后表现得很激动。他经常对学生说:"这是我今天看到的最好的错误之一,它说明了……"当他返还学生考差的试卷时,他会批注:"你第四、五、七题答对了,但是没做第二、三、九题。这些是关于面积和周长的问题,今天马上就要复习到。如果你想提高分数,你可以重新做这些题目。我对你做得好的部分表示祝贺!"

建议。在对学生提出批评或建议前,对他们的优点表示赞赏。正如以上例子所示，虽然只是轻描淡写的几句话，但是它能有效指导学生改善学习。

关注学习过程

采取善待大脑的方式分享信息可以促进学习（Caine，1991；Sylwester，1995）。我们对多元智能理论（Armstrong，1998；Gardner，1993）、学习风格模型（Dunn，1982）以及优先学习活动（Goodlad，1984）的理解可以用来指导影响学习积极性的教学过程。教师可以用易于执行的方法不断对学生进行研究，周期性的调查就是一种可行的办法。例如，教师可以对学生提出以下问题：

1. 回忆你做得成功的事情。
2. 是什么原因使你成功了？其他人帮你了吗？他们怎么帮你的？
3. 你需要为成功做些什么？
4. 什么规则或程序可以帮助你获得成功？

在教室里放一个意见箱会很有用，学生可以为如何改善课堂建言献策。要让学生知道你会考虑他们的想法，并且会时不时地和他们沟通交流、寻求建议。

要想得到，必先付出

不管你喜欢与否，优秀的教学涉及良好的销售技巧。要想激发学生的积极性，我们必须竭力把这种观念“卖”给他们：努力学习和取得成就是一件光荣的事。有些行之有效的销售策略表明，首先送给对方他们看重并欣赏的东西，这样更容易说服对方做你请求他们做的事。销售员给我们发送生日贺卡和节日问候，这是因为他们深知这样做其实给自己创造了继续联系我们的机会。丹尼斯·里甘(Denis Regan，1971)在可控性研究中发现，受访者在参加一项可以免费获得饮料的活动时会买下许多原本不需要的东西。一些政治组织也深知要想保住他们候选人的位置，就要确保给选民提供各种各样的小恩惠。我们要借鉴这个研究，采取相应行动激发学生的积极性。

作为教育工作者，我们希望学生能努力学习。为此我们可以给学生提供一些小恩惠或者经常赞赏他们，比如给学生寄生日贺卡，给学生或者家长写积极评价，或让学生成为自己的得力助手。

建议。回忆别人做过的让你觉得自己被认可和注意的所有微小举动。这其中有没有什么是那些缺乏学习积极性的学生也喜欢的呢？想想那些你喜欢、崇拜，或者经常向他们购买产品的销售员，他们有什么品质，做了些什么，或者给了你什么，从而让你觉得他们很有吸引力？和之前一样，想想你会采用他们的什么行为或技巧让缺乏积极性的学生了解课堂知识的重要性。

你的要求要高过你真实的期待

当人们得到的东西超出期望值时，他们通常认为自己捡了大便宜。这就是对比原理，它会影响我们看待问题的视角和最终的行为方式。当两样东西同时展现在我们面前，如果第二个东西和前一个稍微有点不一样，我们往往会把这个不同点放大。如果一件物品的原价是100美元，但是销售员出价80美元，这两个价格之间的对比会让你产生一种捡到大便宜的错觉。但是众所周知，很多商家在减价之前往往都会先提高价格。

教师可以把这种策略应用在激励学生身上。先提出比实际期望更高的要求，然后再降低要求表明你真实的期望，这样做会使学生觉得自己捡到了大便宜。例如，其实你对学生真实的期望是完成五道题，但是你可以要求学生上交十道题，这样，当缺乏积极性的学生只上交了五道题时，你对他们的积极评价可以激发他们的学习潜力。下次在提出简单的要求前，记得先把要求提高。换句话说，就是开始难度大些，然后逐渐降低难度。

把作业变成一种额外奖励

作业给学生、父母和教师造成了很多困扰。很多作业重复乏味，毫无意义。遗憾的是，这些作业更多地是出于政治正确性(取悦家长和学校董事)，而不是教育意义。作业应该用于实践，并且在教师的指导下进行。教师应当在收到作业后一两天内及时给学生反馈，只有这样才能显示他们对作业的重视。对于那些担心不做作业分数会下降的积极性高的学生来说，作业在任何时候都不失魅力。

讲授新概念不应该是作业的目标。多数情况下，作业应该是可供选择的，因为它是用来练习一项技能或是对所教知识的一种细节补充。有一种例外，就是低年级学生的基本读写训练，因为这对于学生的学习起着至关重要的作用。这项作业每天应控制在 15～20 分钟之内。否则，教育者们需要用测试手段让学生判断他们是否从作业中受益。教师也可以经常用随堂考来评估学生是否已经掌握作业中的内容。已经达到既定标准的学生可以选择接下来的作业，那些没能达到标准的学生可以继续做同样的作业，直到他们完全掌握为止。教师与其惩罚不做作业的学生，倒不如奖励那些完成作业的学生，奖励的形式是积分，这些积分可以用于成绩，也可以用来交换一些学生想要参加的活动。

建议。设计两种作业。一种是必须掌握的事实或概念，另一种是知道了有好处但没有前一种那么重要的事实或概念。试着让第一种作业成为必须完成的，而第二种成为可选择的。你可以建立如上所述的奖励机制，只要学生完成了其中一种作业或者两者都完成了，你就可以奖励他们。

鼓励和支持正面的肯定

很多书籍和其他数据都揭示了我们对自己的看法和我们的行为方式之间的联系。对于多数学生来说，上学不是件容易的事，所以他们非常需要积极的态度和正面的肯定。一些插图、语录以及具体的句子可以鼓励学生进行思考和实践。笔者用过的及建议使用的语录如下：

- 我正在努力和进步
- 我是自己的主人，我的一切由我自己做主
- 有疑问我会提出来，因为我很自信、聪明
- 我正变得越来越聪明
- 我正在做正确的决定
- 无论何时，只要我想，我就可以会心微笑，心情舒畅

建议。教师可以用很多鼓舞人心的海报装饰教室，它们可以给学生提供思考、反思和希望。某些公司生产很多制作精美

的海报，上面写有像“态度是小事，但能造成极大区别”和“你不尝试着做些能力之外的事情，就永远无法成长”等励志的句子。《心灵鸡汤》(*Chicken Soup for the Soul*)等励志书籍中的故事也可以激起学生的希望、热情以及“我能做到”的自我肯定态度。

反思问题

1. 回忆以前让你觉得自己很特别的老师。仔细地描述这位老师，想想他说的或做的那些让你觉得自己很特别的事情。记录下他的言行。
2. 关注一个没有充分发挥自己潜能的学生。你怎样做才能像你的老师那样让自己的学生感到特别呢？
3. 在实现以上目标的过程中你会遇到什么障碍？你会怎样克服它们？
4. 当你自己面临困难和具有挑战性的任务时，你需要哪种支持？或许那些缺乏学习积极性的学生也从你那里期待着这种支持。你自己要以这种方式支持至少一个缺乏学习积极性的学生。

第六章
尊重学生的权利

我们有自己的能力、自由和其他各种权利，这种观念影响着我们做事的动机。人们迫切地想得到尊重和权利，当他们合理的渠道被阻塞或者完全行不通时，他们往往会采取具有破坏力的方法。那些发动校园枪击事件的罪魁祸首们有一个共同点，就是他们被同学贬低，得不到同学的尊重。一些学生在抗拒学习中找到了权利和控制感。他们都是有能力的学生，但是他们太想主宰一切，太想彰显自我独立了，于是才会采取弄巧成拙的策略。不管是出于能力的原因、自由的需要还是别人的影响，不愿参与学习，是学生试图保护自己的机制，教师应当尊重它们，小心翼翼地改变它们，从而帮助学生做出更好的选择。我们必须得帮助学生学习如何影响他人，用更合适的方式彰显自己的独立，而不是任由他们走向危害他人或消极被动的极端。

尊重地处理学生对学习的抗拒

抗拒学习的学生确实很令关心他们的老师感到沮丧，这是因为他们让老师觉得自己是失败者。努力失败后，很多老师都放弃了对这些学生的希望，采取了这种态度：“这是约瑟自己的事情了，我要把我的注意力都转移到关心学习的学生身上。”我们通常采取这种放弃式的方法对待那些一而再再而三地反抗的学生。但是专业的做法其实是寻找能够一直和学生保持密切联系的方法，而不用太在意学生不适当的行为。对待不听话的学生，如果我们能放弃塑造学生行为的想法，我们更有可能会激发学生的积极性。要指出学生行为的积极方面，这一点非常有帮助，因为它让我们显得鼓舞人心，而不是啰啰唆唆。例如，多数虽然不愿但还是勉强来上课的学生实际上还是学到了很多课堂内容。他们对权利和控制的需求使得他们不愿意向我们展露自己学习的进度，所以才会不写作业、不交论文、不做准备。结果，他们考出来的成绩往往很糟糕，尽管对于这些学生来说考好几乎是不大可能的。这些学生更容易因为我们肯定他们的出勤或学习表现而努力，而不会因为我们的指责做出任何改变。例如：

> 凯特，我承认我总是因为你不写作业而唠叨，并且我有可能继续这样做。因为我很尊重你，我迫切地希望你能发挥出自己的最佳水平。大多数学习不努力的学生要么就是害怕失败，要么就是想自己获得掌控。我希望随着你逐渐了解我和这个班级，你会勇敢起来，接受改变。不管怎样，

希望你再接再厉，锐意进取。

让学生参与课堂流程、规则和结果的设计

埃克尔斯(Eccles)和米奇利(Midgely)(Azar,1996)发现，虽然中学生的思考能力提高了，所处社会环境变复杂了，但是他们和小学生相比，决策的机会少了，思考过程也少了。也许是因为随着学生年龄的增长，课程结构的灵活性降低，这才导致学生缺乏积极性的问题。让学生参与到学校生活的各个方面可以维持学生的学习热情。有一个明智的方法就是让学生参与到制定、审查和修改课堂规则和可能结果的过程中。我和我的同事，同时也是和我一起合著过很多书的人，里克·柯温，很长时间以来都在倡导这一做法。越来越多的教师欣慰地发现：在给予学生主动权的课堂上，学生往往表现得更加自律和积极。

有几种可行的方法可以促进学生有效参与规则的制定(Curwin&Mendler,1988;Mendler,1992)。最佳方法是让教师做课堂的领导者，学生可以向教师提出他们认为能使自己在课堂上获得成功的规则。第二种办法就是学生之间相互制定规则。第三种办法是师生间的共同协作，教师提出能够促进学习的观念和原则(如安全的学习环境)，学生列举和这些观念兼容的具体规则。

建议。根据你的教学风格和教育理论，采取合适的方法让学生参与到学习中。激励学生的关键就在于提高学生参与度。你所采取的方法能最好地反映你的教学目标和教学风格。

尊重学生的权利

在大多数情况下，学生挑战教师权威的抗拒学习和不当的行为都证明了他们只是想通过这些方式主宰自己的一切。这些学生通过违反常规彰显自己的影响力。有一种简单但是有效的方法既可以用来保护学生对权利的需求，也可以让他们服从管理，那就是让学生知道他们有能力达到你的要求。例如：“伊夫林，我们都知道其实你有能力使用礼貌用语，很感谢你能这样做。”这种两步法则适用于所有情境，你可以这样和学生说：

1. 我们都知道你有能力做到____________________。
2. 谢谢你这样做了。

让学生变得服从的一个极其有效的方法，就是在学生做一件正确的事情之前就感谢他这样做。

建议。识别出课堂上困扰你并且干扰学生积极性的行为。想想哪个学生有这种行为，试着在这位学生的身上运用以上的两步法则。

寻求学生的意见

当教师考虑学生的意见，让学生察觉到自己的意见对课堂进程有影响时，学生会感觉自己得到了尊重，学习积极性也会提高。教师可以选择几个特定的学生，寻求他们在学习上的一些看法。举个例子，法利老师在课后找来了学习积极性不高的哈伦，问他这堂课最好是学习岩石还是矿物质。学习成绩不太好的苏珊被问及一个开放性的、没有固定答案的问题，例如：“如果你是科学家，你会致力于解决哪一种疾病?”而爱捣蛋的路易莎被问到她会采取什么措施来鼓励更多的学生遵守规则。教师也可以让学生给即将进行的单元测试提供一些好问题。

建议。教师可以考虑下面的几点内容：

1. 想想出现在课堂上的所有学习、行为以及个人问题。
2. 以你教的学科作为基础(小学教师可以基于很多不同的学科)，确定一系列学生需要学习的内容。如果某种学习顺序不能有效进行(如学习树的种类)，你可以询问班级里缺乏学习积极性的学生对学习顺序的看法。
3. 识别出某些对学生不起作用的规则。私下里询问经常违反规则的学生，他觉得应该采取什么行动让更多的学生遵守这些规则。

让学生尝试教学

让学生自己参与课堂教学，这样做既可以启发学生，又可以使他们掌握一定的主动权。有很多方法可以达到这个目标。例如，让缺乏学习积极性的学生以他们认为能够调动别人积极性的方式上一堂课。为了确保最大限度的成功，教师可以给学生的课程计划布置话题、日期和课程框架等。这个框架是可以选择的，如果学生愿意的话，教师可以提供给他们，或者学生可以自行设计课程计划。这堂课结束以后，教师和学生一起总结课堂优点，处理课堂问题。很多学生在这种课结束后都开始变得更加专注，反应更加迅速，对老师也越来越尊重，这是因为他们意识到了课堂教学不是件容易的事。

建议。识别那些经常抱怨课堂无聊、缺乏学习积极性的学

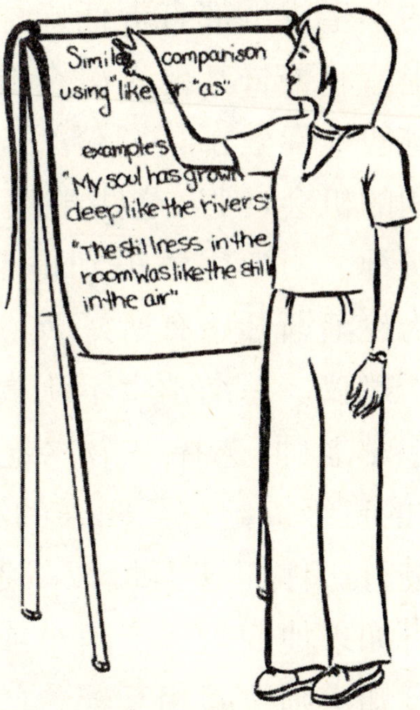

生。让他们独立学习，或是参与到小组讨论当中，告诉他们你非常热切地盼望他们能以饱满的热情积极参与课堂活动和合作。向他们坦承你不知道该怎样达到这些目标。此外，让学生知道他们课堂上的被动或者捣乱行为已经干扰了你的教学和他人的学习。告诉他们接下来课堂要涉及哪些话题，要么由你布置，要么让他们选择一个具体的话题，然后以积极而热情的方式去教这堂课。在这个过程中，确立计划指标（即在特定的时间对学生的计划进展进行评估）和学生进行教学的确切日期。最后，对于那些没有做准备或不愿做准备的学生，让他们知道只要他们愿意和别人合作，你会很乐意根据他们的情况进行教学。

让学生指导和强化规则的执行

最近，一位有着几年工作经验的五年级优秀教师对很多学生缺乏责任感的现象深表惋惜。孩子们聊起天来总是滔滔不绝，对老师的话却当耳边风。无论是威胁他们达不到期望就没收特权，还是诱惑他们达到期望后可以获得特权，这些措施对他们来说基本不起作用。这位老师认为这个班级有时非常具有创造性，学生往往在汇报及教学进行到高潮的分组讨论中有很好的表现。正是由于学生的这种积极表现，她建立了一些小组，组里的学生成员都有责任确保课堂教学顺利进行。这些组有权通过提醒和警告其他人潜在的后果来强化规则的执行。这个策略奇迹般地奏效了，并且给了这位老师一个和小组成员一起解决问题的机会，因为这些学生和她一样也为如何让同学遵守规则而费神。当学生意识到得不到尊重是怎样一番滋味后，他们的行为也渐渐开始有所好转。

建议。总结学生不认真倾听或不遵守规则的情况。如果你是中学老师，选择一个你觉得有些小行为问题（虽然小，但是很多）的班级。给三至四人的小组授权，让他们指导学习活动的成功进行。你们甚至可以一起讨论可能的结果和可行的干预措施。如果他们遭遇了困难或沮丧，和他们一起解决这些问题，让他们知道师生间相互配合的重要性。不要忘记感谢他们的优秀表现。建议你让这些小组每天或每周轮流工作，或者根据教室里的安排表来工作。

运用"PEP"法

当你必须得矫正学生行为时，设法在私下（privacy）里进行，和他们进行眼神交流（eye contact），给予他们亲和感（proximity）。这样做既能保全学生的面子，又能让他们服从你的安排。除了使用这种面对面的策略，你也可以使用便利贴或小卡片传达你的信息。

建议。可以在一些小卡片上对学生的行为提出矫正性的建议，在其他卡片上写下对学生的赞赏。在课堂上最适合的时机悄悄地交给学生，这样每张卡片都有了它们的主人。学生达到了理想效果之后再把它们收上来。

打电话给学生

打电话到学生家表达你的关心，这是让学生参与合作、表达你对学生的尊重的最有效方式之一。接电话时学生周围没有其他人，所以同伴对他行为的影响实现了最小化。花时间给学生打电话也向学生证明了你非常关心他正在做（或不在做）的事。要注意的是，这种策略不同于给家长打电话探讨孩子的表现。尽管打电话给家长也很重要，但是直接打给学生可以有效地让你们共同探讨适用于你们二者的问题解决方法。

建议。选定几个你认为积极性不高的学生。每晚给一个学生打电话，直到你给每个人都打过一次电话。评估一下你的电话是否起到了鼓励学生努力的作用，你可以给那些正在取得进步的学生提供反馈。对于那些暂时没有取得进步的学生，在最终决定是否要继续打电话之前确保你已经给他们至少打过三次电话。

告诉学生他们已经具备了获得成功的品质

运用社会实例和相似案例是提高学生积极性的万无一失的方法。第一步是找出班级里表现不错的学生。接下来就是让他们把自己的成功归因于他们已经拥有的技能。这样做能有效地让学生意识到他们已经具备了获得成功的品质，而他们要做的就是类似的事情。例如，在一对一的面谈中，你可以这么说："马克斯，今天的阅读课上你管住了自己的手和脚，没有乱动，很好地遵守了课堂纪律，你是怎样做到的呢？"如果学生说他不知道，问他是否能回忆起来。学生越是能把成功归因于自己的技能和努力，他就越有可能重复令人满意的行为。

建议。努力让学生通过关注成功来培养自己的优势。教师的表扬能提醒学生注意到自己获得的成功。这项策略的长期成功取决于学生把积极行为归因于他自己的思想或行动。

运用短期利益

行为矫正法依靠的是以短期利益来改变学生行为。贴纸、星星、图表、拍卖、披萨派对以及其他奖励已经成为大多数课堂采用的标准激励方法。虽然这些方法能迅速地改变学生行为，但是这种改变往往不能持久。行为矫正法在大多数学校已经被滥用，这种方法往往导致学生的内在动机减弱。这些严重依赖外部激励的方法不经意间使学生产生“做这件事对我有什么好处”的思维，从而导致教师对学生的“贿赂”行为。于是很多学生期望得到更多权利，认为他们应该因为自己做的事而得到丰厚的回报。

虽然我们冒着丰厚的物质回报（外在激励）可能会取代掌握知识（内在满意）的风险，但是当我们的主要目标是迅速改变学生行为时，行为矫正法确实很有效果。例如，伤害别人或造成混乱的行为需要及时得到制止以确保安全。那些打人的学生也能够从正式的行为矫正法中受益，这是因为外在的激励使他们意识到他们拥有自控能力。当我们把读书变成一项有趣的活动时，那些原本只为了分数而读书的学生或许能发现其中的乐趣。激励方法可以帮助学生发现活动的内在价值，这样他们会主动去做这件事。在一些关键时刻，任何合法的、符合道德和伦理的激励方法都是具有教育意义的。

建议。由于所有依靠外部强化的行为矫正法效果有限，所以最好在需要快速改变学生行为的情况下使用它们；运用更富有责任的方法来维持学生的收获。就像是必需的（没有它我们是不会工作的）但是不充足的薪水激励着我们工作一样，如果外部强化只是激励我们工作的唯一动力，那么它也有可能导致我们精疲力尽。如果学生想培养和维持学习积极性，他们需要有内在力量、自豪和自尊。

提供真实的选择

或许最重要的激励方法是直接给学生提供学习的力量。教师必须规定学习标准和基本的课堂流程，并且鼓励学生尽可能多地分享他们获得的知识。学生选择学习内容和评估方式的机会越多，他们就越不需要以消极的方式表现自己的力量。鼓励学生掌握学习主导性的最简单方法就是让学生自己做重要的选择。"回答这六个问题中的三个。""在今天结束前，你们要完成这些学习任务——你们是现在做呢还是休息的时候再做？"大多数任务、课题、论文和测试可以包含这些选择。研究发现，你越是限制他人，被限制的这件事就越有吸引力。同理，如果你让学生不要做某件事情，相反他们十分有可能去尝试这件事。因此，在对学生以选择形式提出要求的时候，指出相应的后果。例如："李迈，如果你想自己决定是否要完成作业，我同意。你完全掌握这个选择的控制权。你是想现在就做还是想把自己的休息时间变成学习时间？你完全有权利做这个决定。"

建议。提供选择的同时描述一下可能的结果是一个非常好的办法。有些学生极力抵制参加他们认为使自己看上去很蠢或很丑的活动，比如去健身房锻炼。当学生可以自己选择实现预期目标的方法时，他们就很少再争取权利了。例如，让身体不太协调的高中生打垒球真的有必要吗？如果其目的是确保学生身体健康，那或许可以换一个运动项目。死板的课程安排和不容变通的规定是最糟糕的组合，在这种情况下，教师对学生几乎施加不了影响。众所周知，破罐子破摔的学生根本就不害怕打电话给家长、从成绩中减分或是放学后留在学校的威胁。我们必须时刻牢记大局，并且让学生在细节问题上自主进行选择。

反思问题

1. 列举出你明天即将面临的所有课堂责任。在那些只有你一人能承担的责任旁边标上星号。把剩余的分配给你的学生，尤其是那些以不恰当方式寻求权利的学生。
2. 很少有人喜欢别人对他指手画脚，告诉他该做什么。尽管这样，我们还是接受别人的指令，也给别人发号施令。你希望别人怎样向你传达工作或生活上的期望和要求？有没有哪些人能够比别人更有效地向你提出要求？他们往往说些什么、做些什么？他们会让你参与到决策过程当中并寻求你的意见吗？他们对待你时是否给你留有尊严？在你看来什么是最重要的？
3. 你将计划采取什么措施让你的学生积极参与到学习、活动以及课堂管理当中？

第七章 建立良好的师生关系

里克·柯温和我一直在我们的书和文章中大力倡导教师通过改善师生关系来预防纪律问题，如须干预学生行为，那得寻找有效方法保护师生关系。调动学生的积极性也是如此。很多时候，学习过程枯燥无趣，学生难以理解学习对生活的益处，此外有些课堂也不适合学生的学习方式和智力发展水平。例如，背记乘法表对很多学生来说是一个痛苦但是必要的过程，并且不大可能通过娱乐来减轻其难度。

我儿子是物理专业的跳级生，正当他为难懂的教材感到心烦意乱时，他的老师告诉他和其他同学，其实他们不可能彻底理解书本上的内容，这是因为他们学的只是物理表层的知识，他这才感到安心。老师安慰他们说以后他们会慢慢理解书本上的内容，他们相信了老师的这番话，因为老师对待他们一直都很真实诚恳。有时候我们可以用之前所建立的师生间的信任来调动学生的积极性。这就像是在往善意的宝库中储存新的善意，而当我们需要时又可以随时把它们取出来。有时候我们必须得依靠师生间的良好关系来激励学生付出最大的努力。

重视和肯定学生

问题学生需要我们坚定这样的信念：他们本身比他们做的事情更重要。他们应该知道，在我们眼里，他们本身比他们的行为更重要，即使这些行为导致了令人不快的后果。我们的目标之一应该是尽最大可能使学生不产生不良行为或是对学习漠不关心。例如，如果学生持续不断地捣乱，你可以这样告知她："朱安妮塔，我对你的行为感到尴尬和失望。我不想给大家脸色看，相信你也不想这样，所以我们可以在尊重双方意见的基础上一起解决这个问题。"如果学生的行为仍然没有得到改善，你可以这样说："朱安妮塔，如果你不停止这种行为，那我只好请你离开这个班级了。我希望你能选择留下来，因为你是班级重要的一分子，但是如果你非得离开这个班级，我希望你一旦准备好就立即回来。"

虽然问题学生存在很多缺点与不足，但是他们应该知道教师依旧需要他们。我们必须尽最大努力让学生难以拒绝学习。

开放地对待学生的反馈

如果教师乐于倾听学生的反馈，并且根据反馈做出适当调整，学生更有可能提高学习积极性。但是不要敷衍学生，相反，教师应该十分自信地邀请学生发表自己的看法，开放地倾听学生认为获得成功所需要的因素。

建议。定期向你的学生寻求反馈。以下这些问题可以给你带来有用的信息：

1. 我要做些什么才能成为对你来说更好的老师？
2. 我要怎样帮助你获得成功？
3. 你认为我应该继续说或做的两件事是______________。
4. 你希望我尽可能少说或少做的两件事是______________。

给学生发送便条

在便条上写下你对学生的要求，在课上交给学生或者把它寄到学生家里，这样做能有效达到目标。这张便条应该包含积极的内容以及你的关心和问题。以下就是一个例子：

> 比尔，我真的很高兴你今天完成了作业。希望你以自己为荣。这也提醒了我，你完全可以更经常地做出这样的努力。今晚的作业是________。如果你需要我的帮助，请及时告诉我。我很期待看到你尽自己最大的努力。

和学生开完纠正性反馈会议后，给他们写张感谢便条。这个简短而周到的回复可以有效地激励学生改善某些不良行为。这张手写的便条可以包含以下内容：“提西亚，我很感谢你今天认真听了我的反馈，并且就我们的讨论内容谈了你的看法。如果你想进一步进行交谈，请告诉我。谢谢！”

运用幽默也是有用的策略。让学生做一个多项选择的练习既能帮助学生放松，又能让他们把握重点。

请选择一个或多个选项

________我确定自己能准时上交作业。

________除非我因中了彩票大奖或其他重大的事情而分心，否则我明天就能交作业了。

________除非我的胳膊一夜之间摔断了，否则我就能上交作业了。

________我想忽略掉这次的作业，然后花光脑细胞编造一个冠冕堂皇的理由解释自己为什么没有完成作业。

________我的作业没有能够完成，但是我不会为自己找任何借口，我会心甘情愿地接受相应的后果。

对学生发出真诚的赞美

如果教师能够对学生的优点等给予真实的反馈，这样就更容易激励学生。但是切忌粉饰反馈，这是因为学生自尊的健康发展很大程度上受成人的影响，他们要在学生犯错后及时提出清晰有效的指正。但是只有当学生的优点被肯定和鼓励后，他们才更有可能接受纠正式反馈。就算是没有学习积极性的学生，他们身上也一定有值得表扬的优点，所以教师应当每天都由衷地赞美学生的某些行为和表现。

建议。你可以补全以下不完整的句子。它们能指导和提醒你对缺乏学习积极性的学生进行肯定和鼓励，请看下列例子：

1. 你做的________________________________我还是很

喜欢的。

2. 有时候光是来上课就需要你付出不少努力，谢谢你能逼着自己来上课。
3. 当你______________________________时，对你自己还是挺有帮助的。
4. 虽然这不是你最喜欢的课，但是你还是能够学到_______________________的方法。

还有一种对学生发出真心赞美的方法，就是在你确信学生和家长不在家的时候给他们家打电话，留言赞美你的学生。这个过程只花一点点时间，学生也总是能够听到你的留言。

运用两分钟干预法

这种办法是里克·柯温和我多年来一直在向教育工作者灌输的方法，它的效果十分显著。要提高缺乏学习动机的学生的学习效率，我们建议你连续十天每天用不受干扰、完整的两分钟发展良好的师生关系。在此期间，你要主动就任何话题和学生进行交流，只要不违反道德和伦理准则。唯一的例外就是你不能谈论学生不太理想的课堂表现。在这短短的两分钟里，你和学生能相互了解，并且完全不受任何期望的制约。刚开始的时候，你和学生可能都会感到勉强和尴尬。正是出于这个原因，以及建立一个交流模式的需要，你的目标是坚持和学生交流十天。十天结束后，你会发现学生的行为更能让人接受，他们也开始完成更多学习任务。

建议。很多教育工作者面临的最大挑战是每天留出不受干扰的两分钟。这时候教师就应该发挥自己的创造性了。比如当其余同学都在课上复习课本或进行合作性学习时，你可以利用好这两分钟和特定学生交流；你也可以在学生的存储柜旁和他进行两分钟交流；或者也可以某天趁学生在学校餐厅吃饭的时候来一次"偶遇"。还有一种没这么频繁的交流方法，即时不时地，但是有规律地（每周或每月）向不常在课堂上回答问题的学生提问题，比如："我有什么事情还能做得更好？"紧接着再问一个问题，比如："你有什么事情可以做得更好？"

利用午餐时间要求学生改善行为

偶尔邀请学习积极性较差的学生和你一起吃午饭。实际上，你可以把这个变成惯例做法，对象是班里的所有学生。这样的话，每个学生都有机会和你一起吃饭了。这是一个提供和收获反馈的极其有效的机会。我们发现很多问题学生都很喜欢这种和老师一起吃饭的特殊机会。

主持五分钟的小组讨论

企业在进行大规模时间和金钱投资之前一般都会进行小组讨论，目的是提供反馈和信息以做出更好的决策。与此类似，教师也可以定期和几个学生进行小组讨论，找出有效或者无效的教学，共同思考改善方法。简短的、两周一次的小组会议（最多五个人）在多数情况下效果都很理想。

教师可以从三种类别（非常有积极性、积极性适中、积极性较差）的学生中挑选学生组建小组，从他们那里获得反馈，征求意见。出于这个目标，积极性不同的学生可以混合在一起开会，当然他们也可以彼此独立。例如，当讨论的问题需要各组之间的配合时，混合各组学生是最佳办法。但是当没有学习动力的学生相互依赖时，你可以和特定的小组探讨问题解决方案。小组讨论不仅可以提供建立师生关系的方法，还可以表达对学生的尊重，给学生提供权利和机会。

构建一个象征善举的小火车

伦尼·博林格（Lennie Bolinger）是在德克萨斯州达拉斯市工作的四年级教师。她要求学生在 3 cm×5 cm 的卡片上画下或者写下别人的善举。每张卡片都象征着火车的一节车厢，这样每当学生看到别人做了善事，就把它画下来或者记录下来，然后把这张卡片添加到前一张卡片（善举）的后面，这列卡片小火车就变长了。博林格此举的目的在于用可以看到并且越变越长的小火车代表善举，从而鼓励善举在班级传播。高年级教师可以借鉴这种方法，让学生一起分享赞美和优点。这一方法的目标在于创造一个有利于正能量产生和传播的环境。

展示你在你的学生这个年龄时的照片

马里兰州巴尔的摩的七年级教师特德·柯林斯(Ted Collins)为了和学生建立更融洽的关系，给学生展示了他上七年级时的一些照片。他把照片放大，挂在教室墙壁上。当学生得知照片中的小孩是他们的老师时，他们表现出来的惊讶就如同在杂货店看到正在购物的老师一样。老师也是正常人，他们也曾经历过学生现在的年龄。

分享你自己学生时代的故事

让学生了解成年的你和学生时代的你。当你看到他们在学海中挣扎时，抓住时机和他们分享你曾经类似的挣扎。告诉他们现在你会怎样解决这类问题，或者你曾经是怎样解决的。学生正在想办法融入这个世界，而此时如果他们信任的大人愿意花费时间告诉他们自己是怎样处理类似问题的，大多数学生都会为此感到感激。

建议。你甚至可以和学生分享学生时代那些困扰你、让你觉得毫无用处的课程。如果你能告诉学生尽管这些课程当时看起来没有用处，但后来它们实现了自己的用途，这无疑能激励学生学习。帕姆·谢尔特(Pam Shelter)是加利福尼亚州圣贝纳迪诺的一名五年级教师。当她的学生问她"我什么时候才能用上所学的知识"时，她的回答另辟蹊径："写下你在余生中将做的每一件事。把它交给我，我自然会告诉你学的东西什么时候会派上用场。"很自然，学生通常回答说他们不知道自己将来会做些什么事情。"这就是我要说的，"她说，"正是因为你不能预测将来会发生什么事情，所以你学的知识才有可能派上用场。"正如这本书在前面提到的，最好能够把我们教的东西和学生将怎样运用这些知识联系起来，但是很显然在有些情境下这种联系很难建立。

反思问题

1. 当你拜访别人时，他们做的哪些事让你觉得自己受到了欢迎？你将怎样在课堂上采取这些办法，让学生也觉得受到了你的欢迎？
2. 当你对自己不自信时，你怎样从别人那里得到有用的鼓励？他们会说些什么、做些什么？
3. 如果你所在学校的所有员工都决定热情对待学生，这会产生什么效果？

第八章

表达教学热情

著名哲学家、教育家利奥·斯坦(Leo Stein)曾说过:“完美的学习方法和传染病类似。一旦接触了它,你就会被感染。”研究表明,我们对他人的成功期望会对他们的成功产生影响。简单来说,当我们期待成功时,我们就更可能获得成功。同样,通过传达不同程度的乐观和热情,我们能对他人的行为施加强有力的影响。这也解释了人们为什么喜欢和热情活泼的人交往。在我们做礼拜的教堂,牧师传递的热情程度可能导致我们昏昏欲睡,也可能使我们奋起采取行动。我们大多数人都喜欢和温暖热情地问候我们的人在一起。我们欣赏的音乐家能以振奋人心的方式演绎我们喜欢的音乐。我们的思维和行动更有可能被有主见的人影响,他们能用我们易于理解的事实支撑自己的立场。简言之,我们传授学科知识的方式强烈地影响着学生学习的积极性。

让学生知道你喜欢当他们的老师

你需要每天向学生传达这种态度，让学生知道他们对你有多重要。很多方法可以让他们知道这一点——第七章“建立良好的师生关系”中提到的很多办法在这里也适用。养成每天对课堂上至少一两件事情进行表扬的习惯。我们都知道对一节课的重点进行总结能够强化学习效果，所以你可以在课堂接近尾声进行总结时，和学生分享课堂上值得表扬的事情。以下表达可供选择：

- 今天我对你们________________印象深刻。
- 今天的学习任务很具有挑战性，我很高兴你们做到了________。
- 能上一堂这样________________的课，我觉得自己真是幸运的老师。
- 哇！今天________（说几个学生的名字）在做________________时表现的进步真是太棒了！

建议。你认识的最积极、最乐观、最鼓舞人心的人是谁？他最常用哪些鼓励的话？当他说这些话时有没有什么手势和其他动作？列举出这些言语和动作，这样下次你在支持学生的时候就可以灵活运用了。

分享你对学科的喜爱

在纽约州罗切斯特市工作的教师卡罗琳·桑德斯(Caroline Sanders)分享了她的经历："以前我以为只要关心、热爱学生就可以一直保持教学热情，但是后来我意识到要一直热爱那些好斗、冷漠的学生真的很困难。"学校主要是学生掌握知识、获得成就的地方。虽然积极、融洽的师生关系能激发教学动机，但是这种关系还没有强大到能长时间维持教学动机。实际上，热爱你所教的学科比热爱你的学生更重要，因为它更能激发你的积极性。怀着愉快的心情和对学科的热忱进行教学是完全由我们自己掌控的激励方式。当我们以生动、积极、振奋的方式传授知识时，学生也会对学习感到兴奋。

做一个终身学习的人

如果教师反复以相同方式讲授一门课程，学生是能够察觉的，这样的课堂内容枯燥且毫无生机。学习是一个不断冒险和探索的过程，所以你应该向学生展示你也是不断学习新知识的人。当你不确定该如何回答学生的提问时，尽可能深度探索这个问题，在合适的时机告诉学生你还需要进一步学习这个话题。确保和学生分享你对这一话题的研究成果。你还可以用不同的教学方法讲授一个特定的概念。例如，在讲解比例这个概念时，对于不同小组可以采取不同的描述性实例。要不断促使自己学习，使自己成为与时俱进的教师。

建议。上一堂超出你自己知识范围的课，允许你自己体验一下学习新知识时不确定、无把握和新鲜刺激的感觉。你要意识到，身为教师，我们每天都在让学生体验这样的感觉。

心态放轻松

借助谜语、笑话和幽默来保持课堂的活力。如果教师能使学生发笑，学生自然而然会想来上课。我们中有些人的喜剧细胞与生俱来，但是多数人不是这样，所以我们需要从笑话书和连环画中寻找灵感和帮助。

尽早激发学生的学习兴趣

要保持课堂内容一整天（假设你是小学教师）或每堂课（假设你是中学教师）都有趣，那几乎是不可能的。所以最好的办法是在课堂开始或课间休息时用有趣的活动吸引学生的注意力。这些活动可以是难题或谜语，在几分钟之内就把问题成功解决的学生可以获得小小的奖励。或者你也可以尽你所能给学生讲笑话，尽早调动他们的学习热情。等课堂进展到一半的时候再开始讨论琐碎的细节问题，最后课堂收尾时要做到让学生意犹未尽。

建议。教师通常可以直接从学生那里获取激发学习兴趣的具体方法。让你的学生口头分享或写下以前其他老师是如何做到让他们想要学习和自愿上课的。学生的回答会给你带来一些教育灵感，它们能激发并维持学生的积极性。例如，试着问他们：“哪种活动能够吸引你参与？”“告诉我你最希望在课堂上发生的三件事情，而这些会使课堂成为你最喜欢的地方之一。”

鼓励学生用戏剧来传递知识

各种教育理论研究，如学习风格模型、多元智能理论和优先学习活动等都向我们揭示了一个道理：谈到学生如何学习、巩固和运用知识，普遍适用的方法是不存在的。有些学生在听中学，有些在看中学，还有的在做中学。当这几种学习模式能结合使用时，很多学生的学习效果能达到最佳。戏剧能够将不同的学习模式结合，有效地传递和巩固知识。学生在参与其中的同时能够欣赏他人扮演的角色。

把自己想象成书中的人物

有时你可能会以某个特定历史人物或书中人物的视角进行教学。以第一人称的口吻和学生分享重要内容。为了增强可信度，你也可以模仿该人物的着装。当你向学生提问时，把自己想象成是书中的那个人物。

播放音乐

音乐可以作为课堂背景（当学生独立学习或小组讨论时），也可以作为强化手段（当学生表现不错时播放你喜欢的音乐），或者伴随教学的进行全程播放。第三种方法选取的是某一历史时期的音乐，它和书本或历史事件相关。这是一个把学习模式和呈现的知识相结合的好办法。

巧用自然灾害案例

自然灾害能很快吸引学生的兴趣，对学生产生刺激。龙卷风、飓风、洪水和地震的视频证明了自然母亲的巨大能量能对我们造成严重破坏和毁灭。明智的教师会用这些视频调动学生的积极性。他们在把自然灾害作为主要刺激的同时，向学生传授基本事实和解决问题的技巧。物理教师可以让学生计算洪水需要多大的力才能把某个具体大小的房子冲垮；数学方程式可以用来探索几种不同成分要怎样混合在一起才能导致某个特定的结果；在讲述消融的冰川和汹涌的河水对陆地的作用时，可以用洪水改变地形、地貌的视频加强学生的理解。

运用食物教学法

教师可以在就某个历史时期、人物和概念的教学中借助相关食物的帮助。例如，在讲授殖民时期的美国这一单元时可以介绍该时期的食物。你可以事先准备好这些食物，在课上和学生一起分享。如果分组教学可行的话，历史学和家政学可以同时进行，测量（数学）课也可以加入其中。如果学生在课上了解到种植食物所需的气候和土壤，那么这堂课也涉及了自然科学这一学科。

利用体育运动进行教学

体育运动和体育明星在我们的文化中占据着惊人的地位，因此这些可以用来调动学生的积极性。比如在数学问题中引入体育情境，通过让学生计算击球率来讲授百分比这个概念；利用体育出版物激发学生阅读和报道的兴趣；让学生假装自己是体育记者，安排他们观看一场比赛，然后写一篇激动人心的赛事回顾；鼓励学生就某一体育赛事的争议性方面发表自己的看法，例如，美国奥运曲棍球队在日本长野县比赛淘汰出局后，为了发泄不满，蓄意破坏了酒店的几个房间，但是队里没有一个成员为此事承担责任，教师可以鼓励学生就这一事件写篇专栏文章进行描述，并发表他们对问题解决方案的看法，这样做既可以塑造学生性格，又可以提高他们解决问题的能力和写作能力。

举办特殊主题日

就像偶尔改变一下家具的摆放让熟悉的房间焕然一新一样，举办特殊主题日可以适时地改变教学节奏，使学生重获活力和热情。可行的主题日有：

- 不协调穿着日
- 宽松长裤日
- 非本人穿衣风格日（例如，象棋俱乐部的成员穿着足球运动员的衣服）
- 模仿最爱乐团穿着日
- 帽子日

反思问题

1. 在你所教的学科和年级范围内，你最喜欢的教学内容是什么？
2. 我们可以只是为了好玩而做一些事情，以此激发自己的教学热情。你想做或想教些什么？如果你做了自己想做的事，你害怕会产生什么后果？
3. 你有什么办法可以在每堂课都穿插至少一个有趣的活动，确保你自己从中得到快乐和热情？你可以想办法每周至少一节课混合几种感官体验（如食物、音乐和戏剧等）。
4. 你想从同事、家长和学生那里得到哪种类型的赞赏？你给了他们这种赞赏了吗？

第九章 改变学生生活的挑战

所有的教育工作者都应该关心那些因为过度气馁而放弃学习的学生。我希望这本书中的策略能够给你带来一些灵感，它们能够使你的学生不会轻易认输。我们面临着太多阻碍学生学习的因素和声音，它们常常导致学生想要放弃学习，比如父母的反对、暴力、毒品、酒精、想要方便快捷的价值观以及来自同辈的巨大压力。

作为教育工作者，我们现在不断面临的挑战是如何重建师生间的良好关系，重新唤起学生对学习的兴奋和热忱。学生需要我们对他们有较高的期望，在他们犯错时指出相应的后果，以及肯定他们的身份。他们不希望我们放弃他们，尤其是当他们想放弃自己的时候。我们也必须每天提醒自己，我们能对学生的生活产生巨大影响。我们应该让学生意识到，他们对周遭世界的深刻理解和认识能够给未来创造无尽的可能性。

参考文献

Armstrong, T. (1998). *Awakening genius*. Alexandria, VA: Association for Supervision and Curriculum Development.

Azar, S. (1996). Schools the Source of Rough Transitions. *Monitor on Psychology*, *27* (6), 14.

Caine, R. N. & Caine, G. (1991). *Making Connections: Teaching and the Human Brain*. Alexandria, VA: Association for Supervision and Curriculum Development.

Csikszentmihalyi, M. F. (1990). *Flow: the Psychology of Optimal Experience*. New York: Harper Perennial.

Curwin, R. L. (1992). *Rediscovering Hope*. Bloomington, IN: Solution Tree (formerly National Educational Service).

Curwin, R. L. & Mendler, A. N. (1988). *Discipline with Dignity*. Alexandria, VA: Association for Supervision and Curriculum Development.

Dunn, R. & Dunn, K. (1982). *Teaching Students through Their Individual Learning Styles*. Restion, VA: Reston Publishing Company.

Gardner, H. (1993). *Multiple Intelligences: the Theory in Practice*. New York: Basic Books.

Goodlad, J. I. (1984). *A Place Called School: Prospects for the Future*. San Francisco: McGraw-Hill.

Langer, E. J. (1989). Minding Matters. In L. Berkowitz (Ed.), *Advances in Experimental Social Psychology* (vol. 22). New York: Academic Press.

Marzano, R. J. (2000). *Transforming Classroom Grading*. Arlington, VA: Association for Supervision and Curriculum Development.

Mendlev, A. N. (1992). *What do I Do When...? How to Achieve Discipline with Dignity in the Classroom*. Bloomington, IN: Solution Tree (formerly National Educational Service).

Mendler, A. N. (1997). *Power Struggles: Successful Techniques for Educators*. Rochester, NY: Discipline Associates.

Mendler, A. N. & Curwin, R. L. (1998). Seven Keys to Motivating Difficult Students. *Reaching Today's Youth, 3*

(3), 13 – 15.

Mendler, A. N. & Curwin, R. L. (1999). *Discipline with Dignity for Challenging Youth*. Bloomington, IN: Solution Tree(formerly National Educational Service).

Regan, D. T. (1971). Effects of a Favor and Liking on Compliance. *Journal of Experimental Social Psychology*, *7*, 627 – 639.

Sylwester, R. (1995). *A Celebration of Neurons: an Educator's Guide to the Human Brain*. Alexandria, VA: Association for Supervision and Curriculum Development.

Tomlinson, C. A. (2000). Reconcilable Differences? Standardsbased Teaching and Differentiation. *Educational Leadership*, *58* (1), 7.

译后记

本书作者艾伦·N.门德勒在书中为教育工作者们提供了调动学生学习积极性的策略,可以说这是一本实用、全面的教育指南。读这本书的感觉,就像是和作者在促膝长谈,听他耐心细致地分析学生的心理需求和教师的职能责任。你会被作者对教育事业的热忱感动,也会更加感受到教师这个职业的神圣。总之,这是一本能让教育工作者以及热爱教育的人从中受益的书。

翻译此书于我而言是一个不断丰富和历练自己的过程。它给我提供了一个绝佳的将翻译理论应用到实践中的机会。翻译过程中难免会遇到困难和问题,但是通过请教他人和上网查找相关资料,我顺利地解决了它们,这也让我体验到了翻译的乐趣。此外,本书语言直白生动,内容详略得当,理论和案例的结合增加了阅读的趣味性，所以翻译的过程实际上也是让我享受和学习的过程。

特别感谢本书的审校，南京师范大学英语系的韦清琦教授，他发现了我翻译中的错误和疏漏，为我提供了耐心细致的指导，确保了译文的准确性，提高了本书的翻译质量。在此谨向韦教授表示我最诚挚的感谢！我还要特别感谢江苏教育出版社的张平、孙兴春主任，感谢他们给我提供了这次翻译的机会，也感谢他在我翻译过程中提供的指导和帮助！同时，由于本人的水平有限，本书的翻译中可能存在着一些问题，恳请读者批评指正，并给予谅解。